Gerald Hüther • Inge Michels

Gehirnforschung für Kinder

Felix und Feline entdecken das Gehirn

Gerald Hüther • Inge Michels

Gehirnforschung für Kinder

Felix und Feline entdecken das Gehirn

Mit Illustrationen von
Marlies Rieper-Bastian

KÖSEL

Felix und Feline liegen im Kinderzimmer auf dem Teppich. Sie liegen auf dem Bauch und blättern in einem Bilderbuch. Menschen, Tiere und Pflanzen sind dort abgebildet. Felix und Feline suchen die Seite mit der Blumenzwiebel. Sie haben vor einigen Tagen selber eine Blumenzwiebel gepflanzt. Jetzt wollen sie sich die Zeichnung im Buch anschauen. »Da!«, sagt Feline plötzlich.

»Da ist sie.«

»Mmh«, Felix schaut genau hin. »Innen sieht sie ganz anders aus. Wie Blätter, die werden immer kleiner.«

»Ja, und ganz innen drin, das sieht aus wie Kerne«, sagt Feline.

Sie blättern noch ein wenig weiter. »Guck mal«, ruft Felix. »Das glaub ich jetzt aber nicht! Da wächst eine Zwiebel in einem Kopf!« Sie beugen sich über die Seite: »Eine Zwiebel im Kopf? Was macht die denn da? Im Kopf sitzt doch unser Gehirn«, staunt Feline. »Vielleicht sieht unser Gehirn aus wie eine Zwiebel?«, überlegt Felix. »Und wenn wir denken, denkt eine Zwiebel«, lacht Feline. Sie schaut zur Fensterbank.

Dort steht ihre Blumenzwiebel. Sie haben sie in einen Tontopf mit Erde gesetzt. Eine Weile ist es still. Felix überlegt: »Kann eine Blumenzwiebel denken?«, fragt er. »Ich weiß nicht«, antwortet Feline. »Vielleicht kann sie fühlen.«

Beide gehen zur Fensterbank. Sie schauen auf die braune Erde. Felix seufzt: »Nichts zu sehen.« Er tupft mit dem Zeigefinger auf die Erde. »Ob es ihr gut geht?« Feline tupft auch mit dem Finger auf die Blumenerde. »Die Erde ist trocken. Vielleicht hat die Zwiebel Durst.« Sie gießt aus der kleinen blauen Gießkanne neben dem Blumentopf ein wenig Wasser auf die Erde. Die färbt sich dunkel.

»Ich habe auch Durst«, sagt Feline. Sie trinkt einen Schluck aus ihrem Wasserglas mit den kleinen bunten Fischen. Felix guckt ihr zu, dann sagt er: »Weißt du was? Die Zwiebel ist ein bisschen so wie wir. Sie braucht auch zu essen und zu trinken.« »Ja«, sagt Feline, »wir müssen gut auf sie aufpassen. Sie soll sich bei uns richtig wohlfühlen. Dann wird sie eine schöne Blume.« »Wie sie wohl aussieht, die Blume?«, überlegt Felix.

Am nächsten Tag schauen sich Felix und Feline noch einmal das Buch mit dem Bild von der Zwiebel im Kopf an. Sie haben es sich wieder auf dem Teppich gemütlich gemacht. »Wenn unser Gehirn wie eine Zwiebel ist, dann hat es auch Hunger und Durst«, überlegt Feline, »dann braucht es Nahrung.« »Aber welche?«, fragt Felix. Die Kinder schweigen. Dann sagt Feline: »Das Gehirn kann doch denken. Vielleicht braucht es Rätsel?«

»Ich sehe was, was du nicht siehst und das ist rot«, ruft Felix. Feline guckt sich um. »Die Lampe«, antwortet sie und fragt dann schnell: »Was ist braun und weich und hat schwarze Augen?« »Der Teddy«, antwortet Felix, dann sagt er: »Unser Gehirn braucht was zu tun.

Nachdenken zum Beispiel.« »Wie beim Rechnen«, schlägt Feline vor. »Oder Lesen«, sagt Felix. »Ich denke morgens darüber nach, welches Kuscheltier ich in den Kindergarten mitnehme«, sagt Feline. »Ich denke am liebsten Streiche aus«, lacht Felix. Und dann purzeln die Ideen nur so aus ihren Mündern. »Lego-Ungeheuer bauen, Mensch-ärgere-dich-Nicht spielen, wie eine Prinzessin sein, Laternen basteln, einen ganz hohen Turm bauen, Ritter spielen ...« »Worüber wir alles nachdenken«, wundert sich Feline.

Auch Felix staunt: »Das Gehirn hat ja nie Pause.« Feline meint: »Aber manchmal hat es vielleicht auch keine Lust.« Felix: »Oder es kann nicht so schnell. Wenn ich mich beeilen muss, kann ich nicht so schnell die Schleife an meinen neuen Schuhen binden. Dann mache ich nur Knoten.« Feline kichert: »Dann ist in deinem Gehirn auch ein Knoten.«

Felix und Feline lachen. Sie fangen an, sich zu kitzeln, bis sie Schluckauf bekommen. Als sie wieder sprechen können, sagt Felix: »Jetzt hat mein Gehirn einen Purzelbaum geschlagen, so hat es sich beim Lachen gefreut.« Feline muss wieder kichern. »Vielleicht hat unsere Blumenzwiebel auch einen Purzelbaum geschlagen.« Sie laufen zur Fensterbank. Und dann werden sie ganz still: Eine winzige grüne Spitze hat sich durch die braune Erde geschoben. »Sie mag unser Lachen«, sagt Feline glücklich.

Wieder ist ein Tag vergangen. Am nächsten Morgen gehen Felix und Feline ganz früh zum Blumentopf. Sie bewundern die winzige grüne Spitze. »Ob sie jetzt mehr Licht braucht?«, überlegen sie. »Ein bisschen Sonne tut ihr vielleicht gut«, meint Felix. Er trägt den Blumentopf nach draußen vor die Tür. »Jetzt wird ihr schön warm«, sagt Feline. Sie hockt sich vor die Blumenzwiebel. Sanft streichelt sie die grüne Spitze mit ihren Fingerspitzen. Felix guckt ihr zu. Dann sagt er: »Meine Zwiebel im Kopf denkt, wenn mich meine Mama streichelt, wird mir auch ganz warm.«

Die Kinder sind eine Weile still. Eine dicke Wolke schiebt sich vor die Sonne. »Und wann erschrickt sich die Blumenzwiebel?«, fragt Felix. »Vielleicht, wenn es donnert«, antwortet Feline. »Dann erschrickt sie sich so, dass sie wieder in die Erde zurückgeht.« »Echt?«, staunt Felix.

»Ich weiß nicht«, sagt Feline, »aber ich stelle mir das so vor. Dann will sie nicht mehr größer werden, weil sie Angst hat, noch mehr aus der Erde herauszuwachsen.«

Felix und Feline setzen sich auf die Treppenstufe vor der Tür. Der Himmel wird dunkler. »Kann unser Gehirn auch Angst haben?«, fragt Felix. »Wovor?«, fragt Feline. Sie sagt. »Ich habe Angst, wenn es beim Einschlafen ganz dunkel im Zimmer ist. Hat mein Gehirn dann auch Angst?« Felix antwortet: »Meine Mama sagt, ich soll an etwas Schönes denken, wenn ich Angst habe. Aber wenn ich Angst habe, kann ich gar nicht denken.« Feline nickt: »Ich auch nicht.«

In dem Moment zuckt ein Blitz über den Himmel. Es donnert. Schwere Regentropfen fallen auf die Stufen. Die Kinder springen auf. Felix nimmt den Blumentopf auf den Arm und sie laufen zurück ins Kinderzimmer.

Während es draußen gewittert, kuscheln sich Felix und Feline in eine Decke. Sie sehen aus dem Fenster und zählen die Blitze. Der Topf mit der Blumenzwiebel steht wieder auf der Fensterbank. Als sich das Gewitter verzogen hat, sagt Felix nachdenklich: »Das war ein richtiges Donnerwetter. So eines wie gestern in der Schule. Unser Lehrer war sauer. Der hat nur herumgeschrien, weil wir nicht leise waren. Und danach mussten wir ein Diktat schreiben. Da habe ich viele Fehler gemacht.« Feline nickt: »Klar, da hatte deine Gehirnzwiebel Angst und hat sich nicht gerührt.«

Felix guckt verblüfft. »Wieso nicht gerührt?« Feline schaut ihn an: »Unsere Erzieherin hat uns erklärt: Wenn ein Kaninchen eine Schlange sieht, dann wird es vor Angst ganz starr und rührt sich nicht. Es kann sich dann nicht mehr bewegen. Und wenn dein Lehrer schreit, kann sich deine Gehirnzwiebel auch nicht mehr bewegen.« »Und du meinst, wenn sie sich nicht mehr bewegt, kann sie nicht denken und dann mache ich Fehler?« »Ja. Wie mit der Schleife an deinen neuen Schuhen, die du nicht richtig binden kannst, wenn du dich beeilen musst.«

Felix wickelt sich aus der Decke. Er reckt und streckt sich. »Puh«, sagt er. »Ist das jetzt einfach oder kompliziert?« Er geht zur Fensterbank. Dann ruft er: »Schau mal, Feline. Sie ist gewachsen.« Tatsächlich. Die Spitze

ist ein wenig größer geworden. »Was wäre wohl passiert, wenn wir sie nicht hereingeholt hätten?«, fragt Feline. »Das ist doch klar. Sie wäre ertrunken. Das war viel zu viel Regen für so eine kleine Pflanze.« »Aber die Pflanzen draußen ertrinken doch auch nicht, wenn es regnet«, widerspricht Feline. »Mensch, die sind doch auch schon erwachsen«, antwortet Felix ungehalten.

Feline runzelt die Stirn. »Und wenn unsere Blumenzwiebel erwachsen ist, ertrinkt sie dann auch nicht?«, hakt sie nach. »Das weiß ich doch nicht. Nun hör doch mal mit der Fragerei auf.« »Wenn du so ungeduldig bist, habe ich sowieso keine Lust mehr, weiterzufragen«, antwortet Feline.

Am nächsten Tag gießt Feline aus der Gießkanne so viel Wasser auf die kleine grüne Spitze, bis diese ganz im Wasser steht. Als Felix nachmittags ins Kinderzimmer kommt, erschrickt er. »Die Spitze ist ja braun. Iiih, und alles ist pitschnass. Komm, hilf mir mal, das Wasser

abzugießen.« Feline holt eine Schüssel aus der Küche. Sie stellt sich neben ihn. Vorsichtig hält Felix den Blumentopf schräg über die Schüssel. Langsam rinnt eine dunkelbraune Brühe aus dem Topf. »Das Wasser stinkt.« Feline rümpft die Nase.

»Du«, sagt Felix leise. »Tut mir leid, dass ich gestern so ungeduldig war.« »Schon gut«, murmelt Feline. »Tut mir auch leid, dass ich die Zwiebel unter Wasser gesetzt habe. Ich wollte mal sehen, was dann passiert. Ist sie jetzt ertrunken?« Felix zuckt die Schultern. Das Wasser ist abgelaufen, aber die Erde ist immer noch nass und die Blumenzwiebelspitze bleibt braun. »Wir nehmen sie noch einmal mit in die Sonne«, schlägt Feline vor.

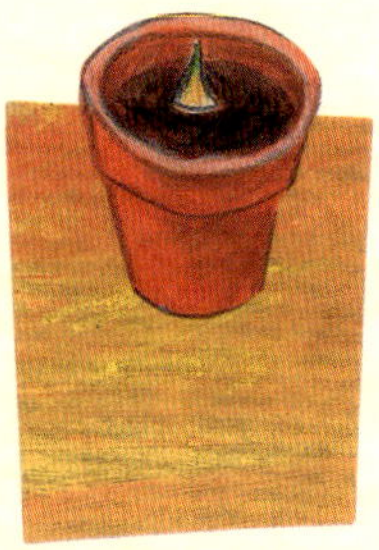

Draußen setzen sie sich wieder auf die Treppenstufe vor der Haustür. Den Blumentopf stellen Felix und Feline vor sich auf einen sonnigen Platz. Nach und nach wird die dunkle, nasse Erde etwas heller und trockener. Ein leichter Windhauch streicht über sie. »Schön«, sagt Feline. Sie hält eine Hand in den Wind. »Guck mal, die Spitze bewegt sich«, sagt Felix. Sie beugen sich über den Blumentopf. »Ich habe eine Idee«, ruft Feline. Sie springt auf, läuft ins Haus und kommt mit einer Lupe wieder. Jetzt können beide abwechselnd beobachten, wie die Zwiebelspitze ganz sacht im Wind zittert.

Felix und Feline bleiben eine lange Zeit auf der Treppenstufe sitzen. Andere Kinder kommen dazu. Es sind Nils und Raphael aus dem Haus nebenan, Annika und Mette von gegenüber. »Was macht ihr da?«, wollen sie wissen. »Wir denken nach«, antwortet Feline. »Worüber denn?«, erkundigt sich Raphael. Felix zieht die Stirn kraus. Er überlegt. Gar nicht so einfach, das zu

erklären. »Vielleicht ist die Blumenzwiebel ertrunken«, sagt er schließlich. Noch zwei Kinder sind dazugekommen. Kristin und Alex sind schon etwas älter. Skeptisch schauen sie auf die braune Spitze. »Die ist bestimmt schon tot«, vermutet Alex. »Nee«, Kristin schüttelt den Kopf. »Glaub ich nicht. So schnell geht das nicht.«

Feline ist erleichtert. »Sie kann sich ja wieder erholen«, sagt sie eifrig. »Wenn wir etwas Schlimmes erlebt haben, erholen wir uns ja auch.« »Genau!«, ruft Felix. »Sie muss sich nur ausruhen. Und das kann sie jetzt doch. Sie hat Sonne und Wind und wir passen gut auf.«

Die Kinder lachen. Vergnügt setzen sie sich um den Blumentopf. Alex findet ein paar Gummibärchen in seiner Hosentasche und verteilt sie. »Hast du auch Kaugummi?«, fragt Mette. Alex schüttelt den Kopf. »Schade. Mit Kaugummi kann ich mich am besten erholen.« »Wovon musst du dich denn erholen?«, fragt

Annika. »Vom Fernsehengucken. Wir haben zu Hause einen ganz spannenden Film gesehen. Jetzt habe ich die ganzen Bilder in meinem Kopf.«

Feline guckt Mette aufmerksam an. »Dann hast du jetzt eine Überschwemmung im Gehirn.« »So ein Quatsch«, sagt Alex. »Überhaupt kein Quatsch«, ruft Felix. »Ich habe manchmal auch so viele Bilder im Kopf, dass ich abends nicht einschlafen kann. Das ist wirklich wie eine Überschwemmung für meine Gehirnzwiebel, ganz echt.«

»Gehirnzwiebel? Was ist das denn?«, wollen die anderen wissen. Felix und Feline erzählen. »Auf unser Gehirn müssen wir genauso gut aufpassen wie auf unsere Pflanze«, erklärt Felix. »Ja«, ergänzt Feline, »es braucht von allem genug. Nicht zu viel und nicht zu wenig. Aber manchmal wissen wir nicht, was zu viel ist.« Sie schaut nachdenklich auf den Blumentopf. Und dann hält sie den Atem an. Sie zeigt auf die Zwiebelspitze. Ein winziger Tupfer Grün hat die braune Spitze auseinander-

geschoben. Feline spürt ein kleines Glücksglucksen in sich aufsteigen: »Mensch«, flüstert Felix, »sie lebt.«

Am frühen Abend ist die Erde getrocknet. Die anderen Kinder sind nach Hause gegangen. »Weißt du was?«, sagt Feline. »Ich glaube, die kleinen Pflanzen sind schon stark, auch wenn sie noch nicht erwachsen sind.« Felix nickt. Er grinst. »Ist schon toll, dass sie dir die Überschwemmung nicht übel genommen hat.« Feline stupst ihn an. »Wir haben sie ja auch gerettet. Noch länger hätte sie es in der nassen Erde bestimmt nicht ausgehalten. Ich glaube, die kleinen Pflanzen können ganz alleine wachsen. Wir müssen nur gut auf sie aufpassen. Oder ...«, sie zögert, »oder wenigstens versuchen, alles wiedergutzumachen, wenn einer mal nicht aufgepasst hat.«

Am nächsten Tag regnet es. Feline blickt auf eine große Pfütze. »Weißt du noch? Als dir dein Taschenmesser ins Meer gefallen ist? Du wolltest nie die Augen beim Schwimmen offen halten. Aber da bist du sogar mit offenen Augen getaucht, um dein Messer zu finden.« Felix strahlt: »Da war ich richtig gut.«

Feline überlegt einen Augenblick. »Am Sonntag war ich auch richtig gut. Ich habe mich getraut, ohne Hilfe auf den Kletterbaum im Park zu klettern. Bis ganz nach oben. Meine Mama musste nur unten stehen bleiben. Was macht eigentlich unsere Gehirnzwiebel, wenn wir gut sind?« »Sie ist dann auch richtig gut«, lacht Felix. »Sie ist gut, weil sie keine Angst hat und sich stark fühlt«. »Und dann«, überlegt Feline, »schafft sie vielleicht alles, was sie will.«

Felix geht zur Blumenzwiebel. Die grüne Spitze ist wieder deutlich sichtbar. Sie hat sich weiter aus der Erde herausgeschoben. Ein dünner grüner Stängel steht jetzt im Topf. »Hattest du im Wasser Angst?«, fragt Feline. Im Kinderzimmer ist es still. Die Regentropfen trommeln leicht gegen das Fenster. »Hier bist du sicher, kleine Blumenzwiebel«, flüstert Feline. »Bei uns kannst du in Ruhe wachsen.«

»Weißt du was?«, sagt Felix am nächsten Tag. »Ich habe gestern Abend im Bett noch einmal nachgedacht, über das mit der Angst. Wenn ich Angst habe, kann ich nicht denken. Aber wenn ich mich richtig gut fühle, kann ich sogar fühlen, wie sich meine Gehirnzwiebel anstrengt. Sie hat dann richtig Lust, sich anzustrengen. Heute Morgen hatten wir wieder Sachkunde bei Herrn Vogel. Den mag ich richtig gern. Wenn du da eine falsche Antwort gibst, kannst du sicher sein, dass er nicht schimpft. Und wenn er eine schwierige Frage stellt, ist es richtig toll, sich anzustrengen.« Feline verzieht das

Gesicht. »Wir haben im Kindergarten eine, die jetzt manchmal mit uns turnt. Vor der habe ich Angst. Manchmal schreit sie 'rum, wenn wir nicht sofort tun, was sie sagt. Ich bin immer froh, wenn Turnen vorbei ist.« Felix wundert sich. »Aber du turnst doch so gerne.« »Jetzt nicht mehr«, knurrt Feline und schlägt schnell zwei Purzelbäume.

Dann seufzt sie. »Woran liegt das nur? Alleine turne ich gerne, aber nicht mit der dummen Nuss im Kindergarten. Bei Herrn Vogel strengst du dich gerne an, bei anderen nicht. Zuerst willst du im Wasser nicht die Augen offen halten und dann tauchst du plötzlich ganz lange mit offenen Augen.« »Muss ich mal drüber nachdenken«, murmelt Felix. Dann lacht er. »Da muss meine Gehirnzwiebel mal drüber nachdenken. Aber die hat jetzt Pause. Und außerdem hat sie Hunger.« »Meine auch«, ruft Feline und läuft in die Küche.

Mit einem Teller Apfelstückchen und zwei Schokoladenkeksen kommt sie zurück. Felix und Feline stellen sich an das Fenster. »Toll, sie wächst ja immer mehr«, freut sich Felix und zeigt auf die Blumenzwiebel. »Sie hat einen richtigen Schuss gemacht und schau mal: ganz, ganz winzige Blättchen«, staunt Feline. Sie beißt in ein Apfelstück. »Vielleicht braucht sie jetzt Dünger?«, überlegt Felix.

»Unser Dünger sind die Vitamine im Apfel«, sagt Feline. »Durch gute Nahrung werden wir groß und kräftig und stark. Hat die Kinderärztin gesagt. Und außerdem hat sie noch etwas zu meiner Mama gesagt, in einer fremden Sprache. Irgendetwas mit Sahne und Körper. Meine Mama hat gesagt, das war geheim. Und gemeint hat sie, wenn es dem Körper gut geht, geht es auch der Zwiebel gut.« Felix guckt ein wenig seltsam. »Hat sie wirklich Sahne gesagt? Zwiebel mit Sahne? Igitt!«

Am nächsten Tag hüpft Feline aufgeregt auf der Matratze im Kinderzimmer herum. »Ich weiß es, ich weiß es«, ruft sie Felix entgegen. »Ich habe meine Mama gefragt. Dünger brauchen wir noch nicht. Die Pflanze ist noch zu klein. Wasser, Erde, Licht und Luft reichen. Aber weißt du was? Die fremde Sprache war nicht geheim, sondern Latein. Das ist eine ganz alte Sprache. Von den Römern. Und die haben gesagt: In einem gesunden Körper wohnt auch ein gesunder Geist.«*

---

* *Mens sana in corpore sano* ist ein lateinischer Spruch. Er bedeutet »ein gesunder Geist in einem gesunden Körper«.

»Du meinst wohl, eine gesunde Zwiebel«, freut sich Felix. Er hat auch schon einmal von dieser fremden Sprache gehört. »Ob die klugen Römer wohl auch wissen, warum sich unser Gehirn manchmal gerne anstrengt und manchmal nicht, auch dann nicht, wenn der Körper gesund ist? Und wenn die Vitamine im Apfel wichtig sind, was ist dann mit der Schokolade?« »Die tut einfach nur gut«, ruft Feline und hüpft weiter. »Dann ist sie genauso wichtig«, sagt Felix. Er springt zu Feline auf die Matratze.

»Tut gut. Wir sind gut. – Tut gut. Wir sind gut«, rufen beide und hüpfen im Takt. Plötzlich lässt sich Feline fallen. Ihre Augen beginnen zu leuchten: »Ich weiß noch was«, sagt sie andächtig. Felix plumpst neben sie.

»Was weißt du?«, fragt er neugierig. »Ich weiß jetzt, warum sich unsere Gehirnzwiebel manchmal anstrengen kann und manchmal nicht. Warum wir manchmal etwas gerne tun und manchmal nicht. Und warum wir oft richtig gut sind.«

Felix sagt gar nichts. Er sieht sie gespannt an. Feline spricht langsam. Sie sucht die richtigen Worte. »Wenn uns etwas guttut, sind wir gut. Aber es ist nicht irgendetwas, was uns guttut. Es sind die anderen Menschen.« »Jaaa«, stimmt Felix zögernd zu. »Der Herr Vogel, der mag mich und ich mag ihn. Er mag überhaupt die Kinder in meiner Klasse.«

»Wenn meine Mama unter dem Kletterbaum steht, traue ich mich viel höher als allein«, fällt Feline noch ein. »Dann fühlst du dich sicher. So wie ich, wenn ich gut gelernt habe und mein Papa sagt, dass ich alles gut verstanden habe«, meint Felix. »Oder wie mein Trainer. Du, wenn ich ein Tor geschossen habe, kann der richtig strahlen und nimmt mich sogar in den Arm. Das ist vielleicht cool«, schwärmt Felix. »Wenn niemand schimpft oder schreit oder mir wehtut oder sagt, ich soll mich beeilen, dann fühle ich mich gut. Dann bin ich gut, dann traue ich mich ganz viel«, sagt Feline noch einmal.

Die Blumenzwiebel wächst und wächst.
Der Stängel ist höher und kräftiger geworden, die Blätter sind fester und größer. Man kann die Blattadern sehen. Und: Eine blau schimmernde Knospe hat sich gebildet. An einem Tag sagt Felix gereizt. »Mensch, du Blumenzwiebel. Du hast es gut. Auf dich passen gleich zwei Menschen auf. Du brauchst nur zu wachsen.« »Bist du ärgerlich?«, fragt Feline. Sie stellt sich neben ihn ans

Fensterbrett. »Ja, bin ich. Wir sind doch auch noch klein, also ich meine, wir sind Kinder. Wir müssen doch auch noch wachsen.« »Ja, na und?«, fragt Feline.

»Heute habe ich in der Schule zu Frau Krautfass gesagt, sie soll mich nicht so drängeln, dann könnte ich nicht in Ruhe denken.« Feline legt ihm die Hand auf den Arm. »Im Kindergarten habe ich im Stuhlkreis von unserer Zwiebel im Kopf erzählt. Was glaubst du, wie die alle blöd gelacht haben.« Felines Augen werden feucht.

»Komm«, schlägt Felix vor, »wir schauen uns noch einmal das Buch an.« Sie nehmen das Buch aus dem Regal und schlagen die Seite mit der Zwiebel im Kopf auf. Sorgfältig und langsam liest Felix die schwierigen Worte und Sätze, die unter den Abbildungen stehen. »Stammhirn, Kleinhirn, Frontallappen ... Mmh«, Felix runzelt die Stirn. »Guck mal da! Was steht denn da?« Feline tippt auf einen langen Satz. Felix liest: »Lernen ist eine Schatzsuche, bei der sich das Gehirn auf die Suche nach neuen Abenteuern macht. Kinder entdecken täglich tausend Schätze. Je jünger sie sind, umso mehr.« »Toll«, freut sich Feline. »Ich bin eine Schatzsucherin.«

»Lies mal weiter«, drängelt Feline. »Was steht da noch?« Felix konzentriert sich: »Jede gelöste Aufgabe macht das Gehirn leistungsfähiger. Kinder brauchen Ermutigung und Anregungen.« Feline runzelt die Stirn. »Ermutigung ist, wenn jemand sagt, du schaffst das schon«, sagt Felix. »Und Anregung?« überlegt Feline. Felix springt auf. »Ich war mit der Klasse in einem Konzert. Danach hat die

Musiklehrerin gesagt, vielleicht regt euch das an, auch ein Instrument zu lernen.« »Echt gut!« Feline ist beeindruckt. »Das ist ein schönes Buch. Das nehme ich heute Abend mit ins Bett. Da soll Papa mal draus vorlesen.«

»Und«, fragt Felix am nächsten Tag, »hat Papa das Buch gefallen?« Feline sagt nichts. Stumm zeigt sie auf die Fensterbank. »Oh«, sagt Felix erschrocken. Ein kleiner Haufen schwarzer Blumenerde liegt dort. Ein paar Scherben vom Tontopf sind auch noch zu sehen. »Was ist passiert?«, fragt Felix. »Es war heute Nacht so warm im Zimmer. Da habe ich das Fenster aufgemacht. Und dann bin ich an den Blumentopf gestoßen.« Feline schluckt. »Und die Zwiebel?« Felix sieht Feline ängstlich an. Er hat ein ganz komisches Gefühl im Bauch. Feline zeigt auf ein Regal.

Dort steht die kleine Pflanze in einem von Felines bunten Trinkgläsern, den mit den kleinen Fischen drauf. Ein wenig Wasser ist darin. »Mama hat sie ins Wasser gestellt«, sagt Feline. Zögernd geht Felix zum Regal. Er tupft mit seinem Zeigefinger gegen das durchsichtige Glas und fragt: »Igitt, was ist denn das? Sind das Würmer?«. Jetzt muss Feline lachen. »Das sind die Wurzeln.«

Felix strafft seinen Körper. »Komm, wir pflanzen sie wieder ein«, beschließt er. »Sie sieht doch noch ganz gut aus. Bestimmt wächst sie weiter. Hast du noch Blumenerde?« Feline läuft in den Keller. Mit einem Sandkasteneimer voll Blumenerde, einer kleinen Schaufel und einem leeren Tontopf kommt sie zurück. Felix hat die Pflanze in die Hand genommen. Vorsichtig befühlt er die langen, dünnen, verzweigten Wurzeln. »Wie zart so eine Pflanze ist. Und trotzdem ganz fest.«

»Darfst du an den Computer?«, fragt er, während er mit Feline die Pflanze wieder eintopft. »Muss ich fragen. Warum?« »Dann können wir suchen, wozu Wurzeln gut sind.« Felix stellt die Pflanze vorsichtig auf das Fensterbrett. Feline läuft zu ihrer Mutter. Sie darf. Wenig später sitzt sie mit Felix im Arbeitszimmer vor dem Bildschirm. Felix öffnet die Seite eines Kinderlexikons. Er tippt »Blume und Wurzel« ein. Dann liest er vor:

»Eine Blume besteht aus drei Teilen: Aus der Wurzel, dem Stängel und der Blüte. Die Wurzel steckt meistens vollständig in der Erde. Der Stängel trägt die grünen Blätter und die Blüte sitzt oben auf dem Stängel. Die Wurzel nimmt Wasser und Nahrung für die Pflanze aus dem Boden auf und speichert sie. Außerdem sorgt sie dafür, dass die Pflanze gut im Boden verankert ist und beim Wachsen Halt findet.«

»So ist das«, sagt Feline nachdenklich. »Und heute Nacht hat unsere Blume ihren Halt verloren. Kann unsere Gehirnzwiebel auch ihren Halt verlieren?«
»Du stellst Fragen«, stöhnt Felix. Er fasst sich in die Haare und wackelt mit dem Kopf hin und her. »Hallo Zwiebel«, ruft er. »Verlierst du den Halt?« Feline stößt ihn an. »Quatsch, dein Kopf kann ja nicht runterfallen. Der sitzt auf dem Hals fest.«

Feline rutscht vom Stuhl, schlackert mit Armen und Beinen, wackelt mit dem Kopf. »Unsere Gehirnzwiebel kann gar nicht fallen«, ruft sie. »Guck mal. Unser Körper ist die Wurzel.« »Puh«, sie setzt sich auf den Boden. »Schwindlig kann ihr höchstens werden.« Felix setzt sich neben sie. Er streicht sich über die Arme. »Meinst du wirklich, unser Körper ist die Wurzel für unsere Gehirnzwiebel?« Feline nickt heftig. »Ja klar. Wir essen und trinken und ernähren unser Gehirn.« Sie überlegt kurz. »Aber das ist nicht alles. Wir tun ja noch mehr.«

Felix fasst sich an die Nase: »Wir können riechen.« Feline springt auf. Sie hält Felix die Augen zu. »Und wir können sehen«, sagt sie. Dann zupft sie an seinem Ohr: »Und hören.« Ganz kurz streichelt sie Felix' Wange. »Und fühlen.« Felix überlegt. Dann sagt er. »Das ist ja einfach. Dann ist ja alles um uns herum Nahrung fürs Gehirn.« »Ja«, stimmt Feline eifrig zu. »Eigentlich ganz einfach. Alles ist Nahrung.«

Ein paar Tage später kann Feline es kaum erwarten, bis Felix nach Hause kommt. Immer wieder läuft sie ungeduldig zum Fenster, um Ausschau zu halten. Und jedes Mal bleibt sie vor der Blumenzwiebel stehen. Aufgeregt hüpft sie auf und ab. Dick, prall und blau schimmernd reckt sich ihr die Knospe entgegen. Endlich ist Felix da. Feline zieht ihn am Arm ins Kinderzimmer.

Andächtig bleibt Felix vor der Knospe stehen. »Mensch, die platzt bald«, sagt er beeindruckt. »Ich bin so gespannt. Ich kann es kaum aushalten, so gespannt bin ich. Komm, wir spielen, bis sie platzt«, ruft Feline und läuft zu der Verkleidungstruhe.

Feline schlingt sich ein rosafarbenes Tuch mit Spitzen um die Schultern. Sie setzt sich eine goldene Krone mit blauen Glitzersteinen auf und bewundert sich im Spiegel. Felix hat einen echten Helm auf dem Kopf. Er zieht ein blaues Tuch aus der Kiste und legt es sich um. Dann greift er nach einem fast echten Schwert aus Holz und ruft: »Schöne Prinzessin, zeig mir den Drachen. Ich werde ihn besiegen.« Feline wirft ihm die lange Schlange aus der Kuschelecke hin. »Ha!«, ruft Felix. Er bohrt das Schwert in den Drachen.

»Und jetzt musst du eine Blume pflücken und sagen, dass du ein verkleideter Prinz bist und fragen, ob ich dich heiraten will«, bestimmt Prinzessin Feline und setzt dem Ritter eine Krone auf. Prinz Felix blickt sich suchend im Zimmer um – dann macht er ein merkwürdiges Gesicht. Langsam, ganz langsam streckt er die Hand aus und zeigt auf die Fensterbank.

Da steht sie. Die blaue Blume. Tausende blaue Blütenperlen schimmern im Sonnenlicht. »Ist die schön«, murmelt Felix. Ganz andächtig ist ihm zumute. »Eine Wunderblume.«

»Sieh nur, die vielen kleinen Blüten, sie zittern«, wispert Feline. »Wie kleine Glöckchen.« Ein Glücksschauer läuft ihr über den Rücken. »Und guck mal da«, sie zeigt auf eine Blütenperle. »In jeder blitzt ein goldener Stern.«
»Ich glaube, wir haben alles gut gemacht«, sagt Felix später. Feline strahlt ihn an. »Das war eine aufregende Zeit. Zwei Mal hätte sie es beinahe nicht geschafft. Und

jetzt ist sie so schön.« »Wir haben trotzdem gut auf sie aufgepasst«, meint Felix. »Es kann ja immer mal was passieren, beim Wachsen, meine ich. Dann muss nur jemand in der Nähe sein.« »Aber nicht irgendjemand«, sagt Feline. »Es muss jemand da sein, der die Zwiebel lieb hat.«

An diesem Abend essen Felix und Feline ihr Abendbrot bei der blauen Blume. »Felix? Wenn aus der Blumenzwiebel so etwas Schönes geworden ist, was wird dann aus unserer Gehirnzwiebel?«

Felix hält mit einer Hand die Prinzen-Krone auf dem Kopf, mit der anderen beißt er in sein Butterbrot. Dann hält er inne. Er guckt hoch. »Was ist?«, fragt er. »Was guckst du so?« Feline sagt nichts. Sie hält ihr Milchglas mit beiden Händen fest und schaut in den Spiegel. Zwei Kinder sieht sie da. Und eine blaue Blume. Felix guckt in den Spiegel. »Meinst du uns?« Feline nickt andächtig. Ihre Augen glänzen. »Wir sind es. Wir sind die Blüten.« Felix nickt langsam. »Ja«, sagt er dann.

Kleine Zwiebelkunde für Erwachsene

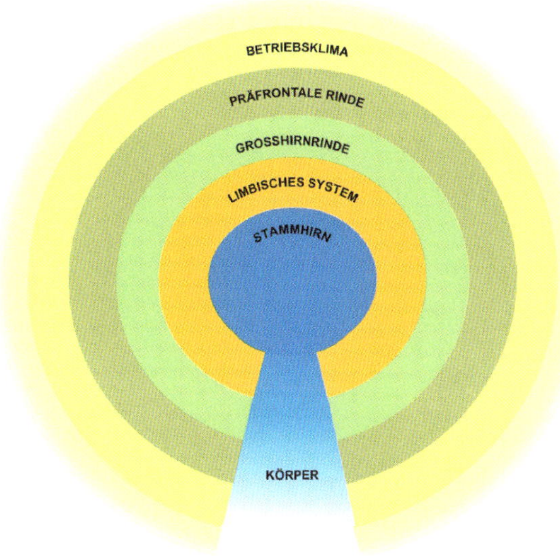

Das ist das Bild, das Felix und Feline in einem Buch über neue Erkenntnisse der Hirnforschung gefunden haben. Und tatsächlich lässt sich der Aufbau des Gehirns mit der Struktur einer Zwiebel vergleichen. Stellen Sie sich die Entwicklung dieser Gehirnzwiebel etwa so vor:

Die ältesten, während der Hirnentwicklung zuerst herausgeformten Bereiche sind gewissermaßen das Herz der Hirnzwiebel. Sie liegen tief unten im Gehirn, dort, wo das Rückenmark beginnt. Die feinen Verknüpfungen der Nervenzellen in diesem Hirnstamm sind schon vor der Geburt herausgeformt worden, und zwar durch elektrische Erregungen, die über Nervenfasern vom Körper zum Gehirn weitergeleitet wurden. Deshalb ist dieser Hirnstamm untrennbar mit dem Körper verbunden, ähnlich wie das Herz der Zwiebel mit den Wurzeln, die sie im Boden verankern und mit Nährstoffen versorgen. Das haben Felix und Feline selbst herausgefunden – auch wenn erst ein kleines Unglück passieren musste, damit die beiden Kinder einen Blick auf die »Würmer« werfen konnten.

Die ersten Erfahrungen sind Körpererfahrungen

Weil sich dieses Herz der Gehirnzwiebel anhand der aus dem Körper eintreffenden Signalmuster herausgeformt hat, passen die dort entstandenen und für die Regulation aller Körperfunktionen zuständigen neuronalen Netzwerke auch perfekt zu dem Körper des betreffenden Kindes. Sie sind bei jedem Menschen optimal an seinen jeweiligen Körper und dessen Besonderheiten angepasst.
Am besten lässt sich das an einem Beispiel erklären:
Hat ein Kind vom Vater besonders große Arme und Hände »geerbt«, so entwickeln sich im Gehirn dieses Kindes all jene Nervenzellverbindungen, die zunächst für das Greifen und später aber auch für das »Begreifen« zuständig sind, etwas anders als bei einem Kind, das kleinere und filigranere Arme und Hände hat. Diese sehr früh angelegten Schaltkreise bilden gewissermaßen das Fundament, auf dessen Grundlage sich später alle anderen, darüberliegenden Zwiebelschichten herausformen. Und weil es beim »Begreifen« um einen individuellen Vorgang geht, der – wie wir hier schön sehen können – von Kind zu Kind ganz verschieden aussehen kann, bekommen wir gleichzeitig eine Vorstellung davon, warum das aus dem Begreifen folgende Lernen ebenfalls eine höchst individuelle Angelegenheit ist. Gleichzeitig wird so auch verständlich, weshalb das Kind in seiner Art, wie es Dinge und später auch Sachverhalte begreift, demjenigen Elternteil ähnlich wird, von dem es dieses körperliche Merkmal »geerbt« hat.

Gefühle entstehen, wenn uns etwas unter die Haut geht

Die nächste, um das »Herz«, also den Hirnstamm, herumwachsende und ihn umschließende Schicht heißt limbisches System. Die hier entstehenden neuronalen Netzwerke werden immer dann erregt, wenn etwas passiert, das uns »unter die Haut« geht, das uns also irgendwie vorübergehend aus dem Gleichgewicht bringt. Entweder, weil es gefährlich ist oder weil es uns froh macht, weil wir vor etwas zurückschrecken oder uns an etwas begeistern. Die in den Schaltkreisen des limbischen Systems entstehende Erregung überträgt sich dann auf die darunterliegende Zwiebelschicht, den Hirnstamm, und von dort geht die Erregung über die Nervenbahnen weiter zu den verschiedenen Bereichen des Körpers, die inneren Organe, die Haut, die Bauchdecke, die Körpermuskulatur.

Dort kommt es dann dazu, dass eine bestimmte körperliche Reaktion ausgelöst wird, die wir dann auch als zu diesem Gefühl passend empfinden: Dann springt das Herz vor Freude, Schauer der Lust laufen uns über den Rücken, es stockt uns der Atem vor Angst, die Knie werden weich, wir haben ein komisches Gefühl im Bauch – wie Felix, als Feline auf den zerbrochenen Blumentopf zeigt. Gesteuert wird das alles durch neuronale Schaltkreise in der innersten Zwiebelschicht, die ihrerseits durch entsprechende Erregungen in der darüberliegenden Schicht, dem limbischen System, ausgelöst worden sind.

Das Gehirn lernt immer dann, wenn etwas Neues passiert

Und es geht noch weiter: Über diesem limbischen System liegt nun noch eine Schicht, die Großhirnrinde. In der wird alles, was wir im Laufe unseres Lebens lernen, also vom Laufen bis zum Autofahren, vom Sprechen bis zum Internetsurfen, in Form entsprechender neuronaler Netzwerke verankert. In dieser Schicht liegt gewissermaßen das ganze Handwerkszeug bereit, das wir uns im Laufe des Lebens angeeignet haben, um uns in der Welt zurechtzufinden. Alle Signale, die über unsere Sinnesorgane dort eintreffen, werden von den dortigen Nervenzellverbindungen und Netzwerken in bestimmte Erregungsmuster umgewandelt. Und die können dann oft etwas »wieder erkennen«, und zwar deshalb, weil wir etwas Ähnliches früher auch schon einmal gesehen, gerochen, gehört, gespürt haben. Dabei sind ähnliche Erregungsmuster entstanden und als Verknüpfungsmuster der Nervenzellen in den verschiedenen Bereichen dieser Hirnrinde verankert worden.

Es gibt dort solche Nervenzellverknüpfungen, die auf all das mit einem charakteristischen Erregungsmuster reagieren, was auf unserer Körperoberfläche, in unserer Körpermuskulatur, in Bändern und Sehnen passiert. Und es gibt solche, die wir immer dann aktivieren, wenn wir uns auf eine bestimmte Weise hinstellen oder bewegen wollen. Dort, in dieser Großhirnrinde, befinden sich auch all jene Verknüpfungen von Nervenzellen, die wir beim Singen oder Sprechen oder beim Verstehen und Wiedererkennen von Sprache, Gesang oder Musik benutzt und dadurch stabilisiert haben. Das gilt auch für das räumliche Vorstellungsvermögen, das Rechnen und das Lösen von Kreuzworträtseln, für das Schreiben und Lesen, für all das Faktenwissen, das wir bereits gesammelt haben.

Unsere Erfahrungen formen unser Gehirn

In dieser Großhirnrinde sind also Nervenzellverknüpfungen und Vernetzungen für all das entstanden, was wir bisher in unserem Leben schon gelernt und geübt haben. Aber das ist noch nicht genug, denn über dieser Großhirnrinde, oder genau genommen davor, liegt noch eine weitere Schicht. Sie heißt Frontallappen oder präfrontaler Kortex. Und das ist die interessanteste Schicht in unserem Gehirn. Dort entstehen während der Kindheit die allerkompliziertesten Nervenzellverknüpfungen. Sie brauchen wir, um uns zu fragen und zu entscheiden, wofür und wie wir unser Gehirn und vor allem dieses ganze Handwerkszeug in unserem Großhirn eigentlich benutzen wollen.

Die in diesem Frontallappen liegenden sehr komplexen Netzwerke sind durch all das herausgeformt worden, was wir bisher erlebt haben, welche persönlichen Erfahrungen wir im Zusammenleben mit anderen, beim Versuch, uns in der Welt zurechtzufinden, gemacht haben. Dieser Bereich des Gehirns wird immer dann aktiv, wenn wir bewusst überlegen, was und warum wir etwas tun wollen, wenn wir Entscheidungen treffen, wenn wir Handlungen planen und die Folgen von Handlungen abschätzen.

In diesem Frontallappen wird auch das verankert, was wir innere Einstellungen und Haltungen nennen. Diese Region brauchen wir, um uns in andere Menschen hineinzuversetzen, um mitfühlen zu können. Und dort liegen auch die übergeordneten Netzwerke, mit deren Hilfe wir in der Lage sind, uns ein Bild von uns selbst, von anderen und von der Welt zu machen. Wie und wofür wir unser Gehirn benutzen, hängt also ganz entscheidend davon ab, wie gut diese äußere Zwiebelschicht organisiert ist. Und weil all das, was im Frontalhirn eines Menschen an Erfahrungen verankert wird, wieder davon abhängt, wo und unter welchen Bedingungen er heranwächst und lebt, gehört diese jeweilige äußere Lebenswelt eigentlich mit zum Gehirn dazu. Diese äußere, die Zwiebel umgebende Schicht, ist gewissermaßen so etwas wie das »Betriebsklima«, in dem sich die Zwiebel entwickelt.

Das »Betriebsklima« prägt unsere Entwicklung

Zu diesem Betriebsklima gehört schon das Milieu im Mutterleib während der Schwangerschaft. Während der Kindheit ist es das Familienklima, das Klima im Kindergarten und in der Schule, später kommt noch das Klima am Arbeitsplatz hinzu. Immer ist es das dort herrschende Betriebsklima, das darüber entscheidet, welche Erfahrungen ein Kind oder später ein Erwachsener überhaupt machen kann. Weil dieses Klima einen so prägenden Einfluss auf die Entwicklung des Gehirns hat, sollten wir sehr darauf achten, in welchem Klima und unter welchen Bedingungen Kinder aufwachsen und Erwachsene ihr Zusammenleben gestalten.

Felix und Feline haben sich ja immer wieder gefragt, welche äußeren Bedingungen, also was für ein »Betriebsklima« ihre Zwiebel braucht, damit sie wachsen und erblühen kann. Und wenn sie gemeinsam darüber nachdenken, warum sie bei manchen Erwachsenen gut und gerne lernen, bei anderen nicht, dann fragen sie nach dem optimalen Betriebsklima, das sie brauchen, um gut lernen zu können.

Damit Kinder ihre Potenziale entfalten, ihre Welt entdecken und von Anfang an auch selbst aktiv mitgestalten können, brauchen sie dafür günstige äußere Rahmenbedingungen in Form eines guten »Betriebsklimas« zu Hause, im Kindergarten und in der Schule. Und für die Gestaltung dieses optimalen Betriebsklimas für ihr sich entwickelndes Gehirn sind nicht sie, sondern wir Erwachsenen zuständig und verantwortlich. Wenn Kinder aber das Pech haben, auf einen unsensiblen und ungeduldigen Erwachsenen zu treffen, so ist es für sie zumindest hilfreich zu wissen, dass nicht sie selbst »dumm« oder »faul« oder »trotzig« oder was auch immer sind, sondern dass der betreffende Erwachsene noch nicht so recht gelernt hat, wie er ihnen helfen müsste, damit auch diese Kinder ihre Potenziale entfalten können.

Kinder brauchen Geborgenheit und Herausforderung

Ganz am Anfang ihres Lebens, also auch schon im Mutterleib, machen Kinder zwei ganz wichtige Erfahrungen, die sehr tief in ihrem Gehirn verankert bleiben: Die eine besteht darin, dass sie wachsen und dabei ihre Potenziale Schritt für Schritt entfalten, die andere ist die Erfahrung engster Verbundenheit und Geborgenheit. Aus diesen beiden Grunderfahrungen entstehen die zwei großen Erwartungshaltungen, mit denen jedes Kind auf die Welt kommt und seinen Weg im Leben zu gehen versucht: Jedes Kind – und auch noch jeder Erwachsene – möchte im Grunde seines Herzens mit den Menschen und der Welt verbunden bleiben, dazugehören, gemocht und anerkannt werden.

Das ist das eine Grundbedürfnis, das jedes Kind hat, und das wie eine tiefe Sehnsucht nach Nähe und Verbundenheit seine Versuche, sich in der Welt zurechtzufinden, bestimmt. Und das andere Grundbedürfnis, das aus der Erfahrung des eigenen Wachsens und Über-sich-Hinauswachsens entsteht, ist das Bedürfnis nach eigener Entfaltung, Weiterentwicklung, Autonomie und Freiheit. So schwer es auch bisweilen sein mag, beide Sehnsüchte gleichzeitig zu stillen: Die Erfahrung, dass es zumindest gelegentlich gelingt, ist und bleibt die wichtigste Nahrung, die die »Hirnzwiebel« braucht, damit sie gut gedeihen und später vielleicht auch blühen kann.

Deshalb brauchen Kinder also immer größere Aufgaben, an denen sie wachsen können. Felix und Feline kommen ganz gut alleine damit klar, die Verantwortung für das Gedeihen ihrer Blumenzwiebel zu übernehmen. Sie gehen dabei überlegt und achtsam vor, holen sich Informationen aus dem Buch und aus dem Internet, besprechen sich. Und niemals hätten sie so stolz auf ihre blaue Wunderblume sein können, wenn sie nicht die Gewissheit hätten, selber das Beste für sie getan zu haben.

Kinder brauchen gleichzeitig aber auch Gemeinschaften, in denen sie sich aufgehoben fühlen. Angedeutet wird dies in unserer Geschichte, als die Nachbarskinder sich zu Felix und Feline gesellen und sich um den Blumentopf versammeln. Ihre wichtigsten Erfahrungen sammeln Kinder nun einmal im gemeinsamen Lernen und Gestalten mit anderen Kindern. Auch Felix und Feline hätten allein, jeder nur für sich, nicht so intensiv und die Überlegungen und Anregungen des anderen aufgreifend nachgedacht und sich angestrengt.

Kinder brauchen also Aufgaben, an denen sie wachsen können, und Gemeinschaften, in denen sie sich aufgehoben und geborgen fühlen. Und damit die Aufgaben und die Gemeinschaften, die sie finden, sie in ihrer Entwicklung auch wirklich voranbringen, brauchen Kinder eben auch noch Vorbilder, die ihnen Orientierung bieten beim Wachsen und beim Dazu-gehören-Wollen. Der Fußballtrainer, von dem Felix so schwärmt, scheint ein solches Vorbild zu sein.

Wer nicht bekommt, was er braucht, sucht nach Ersatzbefriedigungen

Kinder, die keine für sie geeigneten Herausforderungen geboten bekommen oder die ihr Bindungsbedürfnis nicht stillen können, leiden an einem Mangel. Weil sie dieses Mangelgefühl nicht allein überwinden können, suchen sie nach Ersatzbefriedigungen. Dann wollen sie alles Mögliche haben, weil sie nicht bekommen, was sie wirklich brauchen. Sie werden engstirnig, gierig, neidisch und versuchen krampfhaft durch Angeberei die Anerkennung anderer zu finden. So können sie sich nicht zu souveränen Persönlichkeiten entwickeln. Sie bleiben von anderen und deren Vorstellungen abhängig und sind daher auch leicht durch andere manipulierbar.

Schneller, als es die meisten Eltern, Erzieher und Lehrer glauben, lässt sich das Grundvertrauen eines Kindes, wachsen und dazu gehören zu dürfen, erschüttern: durch Missachtung und Abwertung sowieso, aber auch durch zu große Erwartungen und ständige Belehrungen. Durch einen Mangel an Herausforderungen ebenso wie durch Aufgaben, die das Kind noch nicht bewältigen kann, auch durch mangelndes Einfühlungsvermögen und Besserwisserei. Und nicht zuletzt durch Angst. Vor allem durch die Angst, den Erwartungen der anderen nicht zu genügen. Auch hier passt wieder das Bild von der Zwiebel als kleinem Pflänzchen, an dem man nicht herumziehen, das man nicht austrocknen lassen, aber auch nicht ständig begießen darf, und das man vor Unkraut und Unwetter schützen muss.

Nur dann, wenn Kinder angemessene Herausforderungen angeboten bekommen und sich aufgehoben und geborgen fühlen, können sie ihre Potenziale entfalten, nur dann werden sich die kompliziertesten Verknüpfungen von Nervenzellen der nacheinander und miteinander entwickelnden »Zwiebelschalen« des Gehirns optimal herausbilden können. Und nur dann entsteht – wenn es eine Blumenzwiebel ist – am Ende vielleicht eine so wundervolle und zauberhafte Blüte, wie sie die Zwiebel von Felix und Feline hervorgebracht hat.

Das Gehirn stellt mehr bereit als gebraucht wird

Wie die nacheinander und miteinander ausreifenden neuronalen Netzwerke in den verschiedenen Schichten der »Gehirnzwiebel« herausgeformt werden, haben die Hirnforscher erst in den letzten Jahren herausgefunden. Weil die genetischen Programme nicht »wissen«, wie und wofür ein Kind sein Gehirn später einmal benutzt, steuern sie die Nervenzellen so, dass diese zunächst einen

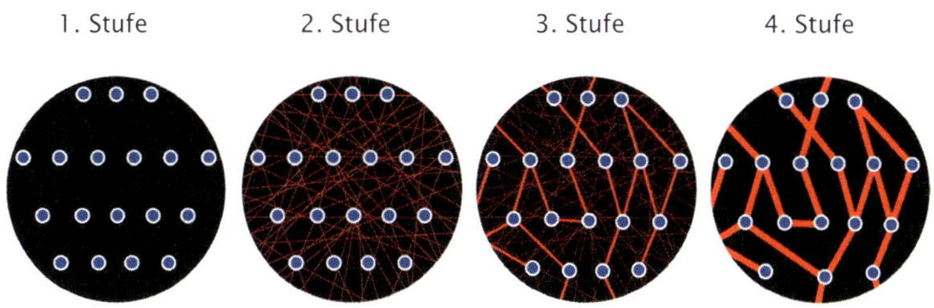

großen Überschuss an Fortsätzen und Verknüpfungsmöglichkeiten bereitstellen.

Anschließend »wartet« das Gehirn bzw. die auf diese Weise vorbereitete Hirnregion gewissermaßen darauf, was davon in welcher Weise »gebraucht« wird. Wenn das Kind Gelegenheit bekommt, zunächst zu krabbeln, dann auf zwei Beinen zu laufen und später Fahrrad zu fahren, Fußball zu spielen oder irgendetwas anderes immer wieder zu machen, so werden die dabei benutzten, also immer wieder aktivierten neuronalen Verschaltungsmuster stabilisiert. Gleichzeitig verkümmern all jene Verschaltungsangebote und Verknüpfungsmöglichkeiten, die nicht oder nur sehr selten durch den Aufbau entsprechender Erregungsmuster dauerhaft gefestigt werden.

Weil von dem anfänglich bereitgestellten Überangebot an Nervenzellverknüpfungen und -kontakten all das später wieder eingeschmolzen und zurückgebildet wird, was nicht benutzt wird, bleibt am Ende genau jenes Verschaltungsmuster übrig, welches von einem Kind in seiner Familie, in seinem Kulturkreis und seiner Lebenswelt tatsächlich gebraucht und deshalb regelmäßig aktiviert wird. Und das ist im Durchschnitt etwa ein Drittel weniger als das, was ursprünglich an Vernetzungsmöglichkeiten bereitgestellt worden war.

Nicht genutzte Angebote verkümmern

In den älteren Schichten des Gehirns, also im Hirnstamm und im Limbischen System, entsteht dieses Überangebot zum Teil bereits vor der Geburt. In den später ausreifenden Bereichen, also in der Großhirnrinde, dem Kortex, wird die dichteste Vernetzung mit den meisten Angeboten während der frühen Kindheit herausgeformt, und im Frontallappen etwa mit dem Schulbeginn. Im Durchschnitt erreicht das gesamte Gehirn am Ende des ersten Lebensjahres einen Zustand, in dem es so viele Synapsen, also Verknüpfungen zwischen den Nervenzellen, gibt, wie niemals wieder im späteren Leben.

Was alle, die mit kleinen Kindern leben und umgehen, wissen müssen: Starke psychische Belastungen während dieser »Bereitstellungsphase« im ersten Lebensjahr führen zum vorzeitigen Abbruch der Synapsenbildung. Dann ist von Anfang an ein kleineres Angebot an Verknüpfungsmöglichkeiten vorhanden. Wenn Kindern danach auch noch zu wenig Gelegenheit geboten wird, dieses Überangebot an Verknüpfungsmöglichkeiten auf vielfältige Weise zu nutzen, können in ihrem Gehirn nicht so viele und nicht so komplexe Netzwerke stabilisiert werden.

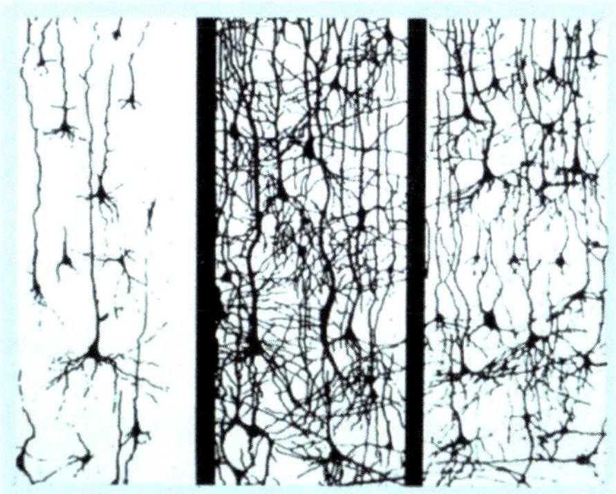

Es ist also eine irrige Vorstellung, dass wir unseren Kindern durch unsere Erziehung, durch die Förderprogramme im Kindergarten und die Lernprogramme in der Schule tatsächlich neues Wissen in Form entsprechender Verschaltungen ins Hirn »bauen«. Was wir mit all diesen Maßnahmen bestenfalls erreichen können und anstreben sollten, ist lediglich, dass im Gehirn unserer Kinder möglichst viele und unterschiedliche dieser synaptischen Vernetzungsangebote auch wirklich genutzt werden können. Dass also von diesem ursprünglich bereitgestellten Überangebot möglichst viel erhalten bleibt und stabilisiert werden kann. Deshalb sollten wir uns bei all unseren Erziehungs- und Bildungsbemühungen immer wieder fragen, ob das, was wir unseren Kindern bieten, auch wirklich dazu beiträgt zu verhindern, dass zu viele dieser bereitgestellten Verknüpfungsangebote wegen Nichtbenutzung wegschrumpeln.

Anstelle von Förderprogrammen brauchen wir eher »Verhinderungsprogramme«. Wie die zu gestalten wären, zeigt eine Untersuchung an südamerikanischen Hauseseln, die ein Hirnforscher schon vor Jahrzehnten durchgeführt hat. Verglichen wurde in dieser Studie die Größe des Gehirns von Hauseseln, die beim Bauern

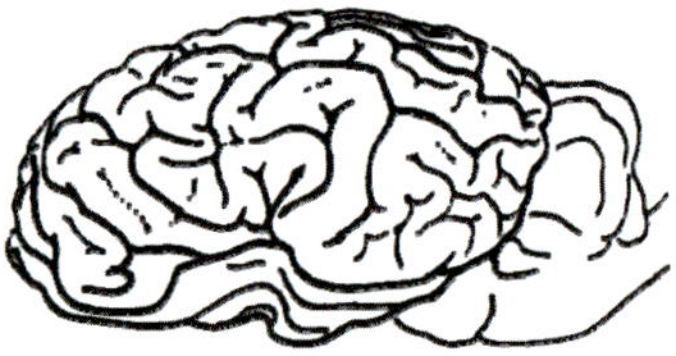

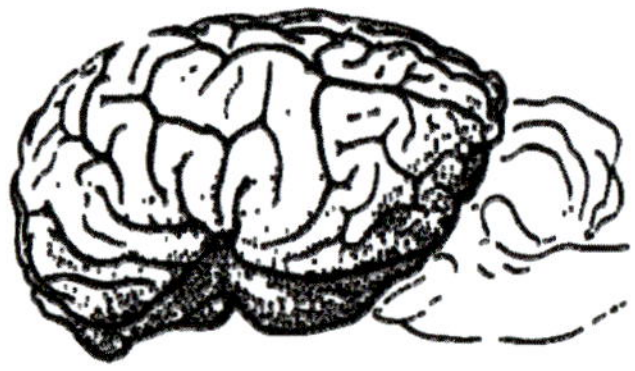

im Stall aufgewachsen waren, mit der Größe des Gehirns von solchen Hauseseln, die ein Loch im Zaun gefunden hatten und aus dem Stall ausgerissen waren. Dort draußen hatten sie sich frei lebenden, verwilderten Hauseselherden angeschlossen und waren unter diesen Bedingungen aufgewachsen. Das Ergebnis ließ an Deutlichkeit nichts zu wünschen übrig: Nicht das gemütliche Leben im Stall, sondern das wilde Eselleben in einer frei lebenden Eselsgemeinschaft ist das, was ein kleiner Esel braucht, um ein hoch vernetztes, komplexes Eselshirn ausbilden zu können.

Die Lust am Entdecken und Gestalten ist angeboren

Auf Kinder übertragen bedeutet das, dass sie möglichst viele verschiedenartige Herausforderungen brauchen, um ihr Hirn optimal entwickeln zu können. Und damit sie offen bleiben, damit sie ihre Neugier und Gestaltungslust ausleben und die Herausforderungen, die sie finden, auch annehmen und mit Rückhalt bewältigen können, brauchen sie das Gefühl von Sicherheit, von Verbundenheit und Geborgenheit in einer menschlichen Gemeinschaft. Nur dann machen sie sich mutig auf den Weg und bewältigen ein kleines Problem nach dem anderen, gewinnen Zuversicht und Selbstvertrauen und suchen gleich nach der nächsten Herausforderung. Wer weiß, vielleicht hätten Felix und Feline nach dem drohenden Ertrinken der kleinen Pflanze die Sache aufgegeben oder spätestens nach dem nächtlichen Unfall die Lust verloren, wenn beide nicht bereits eine gute Portion Rückhalt, Geborgenheit und Zuversicht in dieses Experiment mit hineingebracht hätten. Statt also aufzugeben, bleiben sie in ihrem Lustzirkel des Ausprobierens und Entdeckens, also des Lernens im besten Sinne, drin.

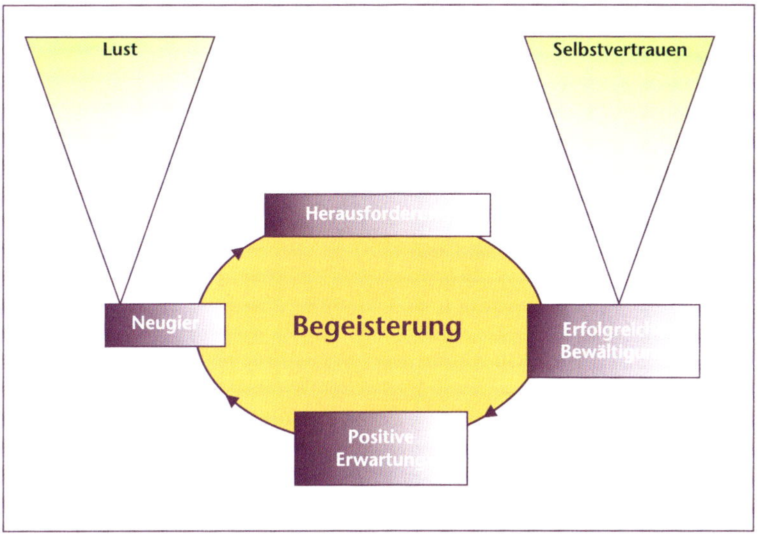

Probleme bewältigen, daraus Selbstvertrauen und Zuversicht gewinnen, neue Herausforderungen suchen – das ist der natürliche Lernzyklus, den Kinder mit Lust und Begeisterung immer wieder durchlaufen. Sie eignen sich dabei Schritt für Schritt all das an und verankern in ihrem Gehirn entsprechende Nervenzellverknüpfungen, was es für sie in der Welt zu entdecken und zu gestalten gibt.

Wie die Lust am Lernen verkümmert

Leider werden noch immer allzu viele Kinder aus diesem Lustzirkel des Lernens herausgeworfen. Das geschieht übrigens nie von allein, sondern das ist etwas, das ihnen von anderen, von Gleichaltrigen, aber leider oft genug auch von den eigenen Eltern, von Erziehern und Lehrern angetan wird. Sei es dadurch, dass jemand mit dem, was sie sich erarbeitet haben, nicht zufrieden ist, es nicht wertschätzt, ihre Anstrengungen nicht würdigt, alles besser weiß und besser kann. Oder dadurch, dass ihnen vorgeschrieben wird, was sie zu lernen haben, oder dass ihnen keine Zeit gelassen wird, die Lösung selbst zu finden, anders gesagt: weil Kinder irgendwie überfahren und nicht wirklich gesehen werden.

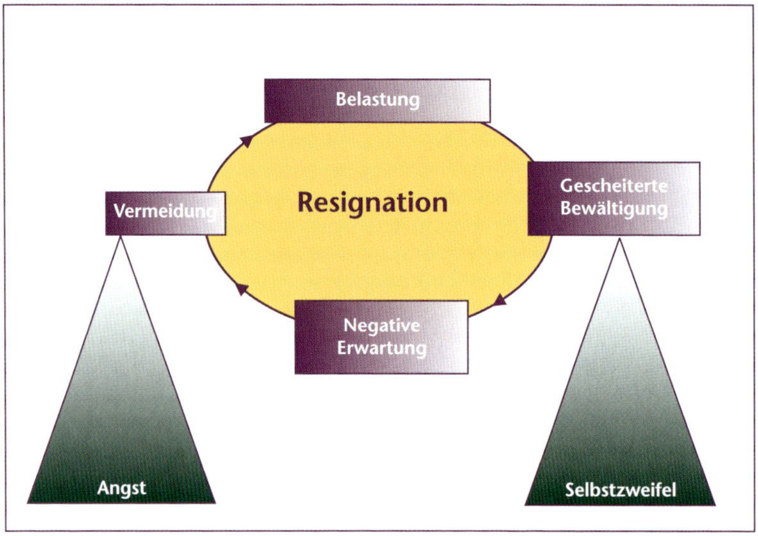

Allzu leicht jagt man Kinder auf diese Weise in diesen negativen Lernzyklus. Wenn sie erleben müssen, dass das, was sie entdecken oder gestalten wollten, nicht gut oder richtig genug geworden ist, vergeht ihnen die Lust am eigenen Entdecken und Gestalten. Dann versuchen sie, einen Bogen um solche Aufgaben zu machen, die man ihnen stellt und an denen sie immer wieder scheitern. Die traurige Erfahrung, nicht gut genug zu sein und nichts hinzubekommen, wird dann für diese Kinder zu einem Auslöser von Angst und Stress. Weil sie das Problem aber nicht selbst erzeugt haben, können sie es auch nicht selbst lösen.

Um die Angst und Verunsicherung zu überwinden, bleibt ihnen dann meist nur noch ein fataler Ausweg – nämlich sich selbst als dumm, lernunfähig und als Versager zu betrachten. Dann erwarten sie schon, dass es das nächste Mal wieder nicht klappt, dass sie erneut abgewertet und gemaßregelt werden. Und weil sie es bereits erwarten, tut es ihnen dann, wenn es wieder passiert, auch nicht mehr so weh. Im Gegenteil, es bereitet ihnen sogar ein kleines Erfolgserlebnis: »Ich wusste doch schon vorher, dass ich zu blöd dafür bin.« Ein fragwürdiges Erfolgserlebnis, denn um welchen Preis? Nicht nur die Angst und das zerstörte Vertrauen, sondern auch diese negativen Selbstzuschreibungen werden solche Kinder oft ein Leben lang nicht wieder los. Im Bild der Blumenzwiebel ist es so, als hätte sie jemand platt getreten, oder – wie in der Geschichte von Felix und Feline – als hätte sie jemand überflutet oder von der Fensterbank gestoßen.

Negative Einstellungen und Haltungen entstehen durch schmerzliche Erfahrungen

Und wie bei einer Blumenzwiebel so wird auch im Gehirn die äußere, noch intensiv wachsende Schale besonders beschädigt, wenn jemand darauf herumtritt und sie verletzt. Im Gehirn ist das die sogenannte präfrontale Rinde, also der bereits erwähnte Frontallappen. Die sich dort herausbildenden Nervenzellverknüpfungen werden weniger durch das im Lauf des Lebens gesammelte Wissen und die erlernten Fähigkeiten und Fertigkeiten, sondern durch die vor allem während der Kindheit am eigenen Leib gemachten Erfahrungen strukturiert.

Der Frontallappen ist vergleichbar mit einem Beobachter, der ständig prüft, was das, was wir erleben, mit uns selbst und mit unseren bisher gesammelten Erfahrungen zu tun hat. Je nachdem, ob ein Kind sich mit all dem, was es denkt oder tut, in seiner jeweiligen Lebenswelt als passend, als angenommen und wertgeschätzt, als gesehen und beachtet erlebt, stabilisieren sich in dieser präfrontalen Rinde entsprechende Nervenzellverschaltungen. Und die lenken und steuern dann all das, was ein Kind an eigenen Überzeugungen über sich selbst, über seine Bedeutung und seine Rolle in der Welt entwickelt: ob es zu der Überzeugung gelangt, in seiner jeweiligen Lebenswelt etwas bewirken zu können oder nicht, ob es sich gesehen und angenommen fühlt oder nicht, ob es sich als einzigartig und wertvoll erlebt oder nicht.

Diese im Frontallappen verankerten inneren Haltungen und Einstellungen sind in ihrer Bedeutung bisher völlig unterschätzt worden. Sie aber sind es, die darüber bestimmen, ob ein Kind gern in die Schule geht, sich zu Hause wohlfühlt, mit anderen Kindern spielen und lernen kann, Verantwortung für sich und andere übernimmt, ob es eine starke, souveräne oder eine schwache, abhängige Persönlichkeit wird.

Damit sich bei einer Blumenzwiebel diese äußere, dickste Schicht gut entwickeln kann, müssen die darunterliegenden Schichten gut ausgebildet sein und es darf niemand auf der Zwiebel herumtrampeln. Sonst wird auch die Blüte, die sie hervorbringt, nur eine Kümmerversion dessen, was daraus hätte werden können. Das gilt für Kinder genauso wie für kleine Pflanzen.

Liebe Leserinnen und Leser,

und nun wünschen wir Ihnen, dass Ihnen das gelingt, was Felix und Feline mit ihrer Blumenzwiebel geschafft haben: Ihren Kindern – oder den Ihnen anvertrauten Kindern – all das mit auf den Weg zu geben, was sie brauchen, um in der Welt, in die sie hineinwachsen, ihren Weg zu finden, um zu selbstbewussten, kompetenten, verantwortungsbewussten und mitfühlenden Persönlichkeiten heranzureifen. Dann werden sie auch das entfalten können, was sie als ganz besondere Schätze bereits mit auf die Welt gebracht haben: ihre Entdeckerfreude und Gestaltungslust, ihre Begeisterungsfähigkeit und ihre Vitalität und nicht zuletzt – ihre Liebesfähigkeit.

Kinder nach bestimmten Vorstellungen zu erziehen und sie dabei in der gewünschten Weise »zurechtzubiegen« oder gar »abzurichten« kann jeder. Genau das ist in der Vergangenheit ja immer wieder versucht worden. Es gab Zeiten, in denen das besonders gut gelungen ist. Die Folgen kennen wir. Wir leiden noch heute daran.

Es gab aber auch immer wieder Eltern und Erzieher, die sich diesen Bemühungen widersetzt haben. Die sich geweigert haben, Kinder für ein Leben in einer Welt zu funktionalisieren, die von den Interessen irgendwelcher Machthaber, der Wirtschaft oder des Militärs bestimmt war. Sie wollten keine Kinder erziehen, die sich den jeweils herrschenden Verhältnissen anpassten. Ihnen ging es um die Entfaltung der in jedem Kind angelegten Potenziale. Und sie wussten, dass es dafür keine in Ratgebern niedergeschriebenen Techniken und auch keine von Bildungsbehörden ausgearbeiteten Programme gibt. Denn die Schaffung von Bedingungen, die es einem Kind ermöglichen, seine Potenziale zu entfalten, ist keine Technik, die man lernen kann, und auch kein Verfahren, das man anwenden kann, sondern eine Kunst, eben Erziehungskunst. Und weil jeder Mensch von Natur aus ein Künstler ist, kann auch jeder Mensch, der das Glück hat, Kinder erziehen zu dürfen, ein Erziehungskünstler werden. Worauf es dabei ankommt, haben ja

Felix und Feline mit ihrer Blumenzwiebel vorgemacht. Freilich sind Kindergehirne keine Blumenzwiebeln. Aber im Grunde genommen ist es doch ganz einfach: Weil jedes Kind mit zwei Grundbedürfnissen zur Welt kommt, besteht die Kunst von Erziehung vorrangig darin, Bedingungen zu schaffen, die es einem Kind gestatten, diese beiden Grundbedürfnisse zu stillen: autonom zu werden und doch verbunden zu bleiben. Gelingt das nicht, leidet das Kind an einem ungestillten Bedürfnis. Entweder fehlt ihm die Nähe und Verbundenheit oder es fehlt ihm die Möglichkeit, seine Potenziale zu entfalten. Und wenn das eine oder andere fehlt, entsteht ein Mangel. Solche in ihren Grundbedürfnissen ungesättigten Kinder erkennt man daran, dass sie immer etwas brauchen. Sie finden keine Ruhe in sich selbst. Sie können sich entweder nicht von anderen lösen oder sich nicht mit sich selbst beschäftigen. Sie machen wenig eigene Erfahrungen, bleiben so schwach und abhängig und sind zeitlebens leicht manipulierbar.

Wenn Sie nicht möchten, dass Ihr Kind in dieses Dilemma zwischen seinem Bedürfnis nach Bindung und dem nach autonomer Entwicklung gerät, so gibt es dafür eine ganz einfache Lösung. Sie müssten versuchen, Ihr Kind, so wie es ist, zu lieben. Denn das ist das Besondere an der Liebe: Wer wirklich geliebt wird, weiß und fühlt, dass er mit dem Menschen, der ihn liebt, aufs Engste verbunden ist. Er weiß, dass dieser Mensch, der ihn liebt, sich zutiefst wünscht und alles, was in seiner Macht steht, auch dafür tut, um es dem geliebten Menschen zu ermöglichen, seine Potenziale entfalten und über sich hinauswachsen zu können. Liebe verleiht Flügel.

Versuchen Sie es doch einfach. Schenken Sie Ihren und allen Ihnen anvertrauten Kindern dieses Gefühl. Sie werden sehen, dann werden auch Sie ein Erziehungskünstler, der die Hirnzwiebel Ihrer Kinder zur Entfaltung bringt wie eine Blüte, zauberhaft und einzigartig.

Gerald Hüther und Inge Michels

Über die Autoren

© Josef Fischnaller

Dr. Gerald Hüther, geb. 1951, ist Neurobiologe und Autor zahlreicher Fach- und Sachbücher. Ein besonderes Anliegen ist dem dreifachen Vater, neue Wege anzustoßen, wie wir Kindern ihre angeborene Begeisterung fürs Lernen erhalten können.
www.gerald-huether.de
www.akademiefuerpotentialentfaltung.org

© Maren Richter, Bonn

Inge Michels, geb. 1962, ist freiberufliche Bildungsjournalistin und arbeitet u. a. als Moderatorin von Fachveranstaltungen und Autorin. Die Mutter von zwei erwachsenen Töchtern vermittelt komplexe wissenschaftliche Themen, damit diese in den beruflichen und privaten Alltag Eingang finden können.
www.die-bildungsjournalisten.de

FSC www.fsc.org MIX Papier | Fördert gute Waldnutzung FSC® C011124

Penguin Random House Verlagsgruppe FSC® N001967

12. Auflage 2025

Neumarkter Straße 28, 81673 München
produktsicherheit@penguinrandomhouse.de
(Vorstehende Angaben sind zugleich Pflichtinformationen nach GPSR.)

Umschlag: fuchs_design, München
Umschlagmotiv: Marlies Rieper-Bastian, Freiburg
Druck und Bindung: Mohn Media Mohndruck GmbH, Gütersloh
Printed in Germany
ISBN 978-3-466-30845-3
www.koesel.de